¿Qué son las estructuras naturales?

Bobbie Kalman

🍄 Crabtree Publishing Company

www.crabtreebooks.com

Creado por Bobbie Kalman

Dedicado por Rob MacGregor
Para la estructura natural más bella que conozco, Ava Yi Xian MacGregor.
Con cariño, papá

Autora y editora en jefe
Bobbie Kalman

Editora
Kathy Middleton

Correctora
Crystal Sikkens

Investigación fotográfica
Bobbie Kalman
Crystal Sikkens

Coordinadora de producción
Katherine Berti

Diseño
Bobbie Kalman
Katherine Berti
Samantha Crabtree (logotipo y portada)

Consultor lingüístico
Dr. Carlos García, M.D., Maestro bilingüe de Ciencias, Estudios Sociales y Matemáticas

Ilustraciones
Barbara Bedell: página 22
Katherine Berti: formas de las páginas 5, 6, 9, 24
Bonna Rouse: páginas 8, 12, 24 (esqueleto y planta)

Fotografías
© Bobbie Kalman: página 23 (grúa jirafa)
© Shutterstock.com: Todas las otras imágenes

Traducción
Servicios de traducción al español y de composición de textos suministrados por translations.com

Library and Archives Canada Cataloguing in Publication

Kalman, Bobbie, 1947-
          ¿Qué son las estructuras naturales? / Bobbie Kalman.

(Observar la naturaleza)
Includes index.
Translation of: What are natural structures?
ISBN 978-0-7787-8701-3 (bound).--ISBN 978-0-7787-8740-2 (pbk.)

          1. Morphology--Juvenile literature. 2. Landforms--Juvenile literature.
I. Title. II. Series: Kalman, Bobbie, 1947- . Observar la naturaleza.

QH351.K3418 2010   j508   C2009-902450-0

Library of Congress Cataloging-in-Publication Data
Kalman, Bobbie.
   [What are natural structures. Spanish]
   ¿Qué son las estructuras naturales? / Bobbie Kalman.
      p. cm. -- (Observar la naturaleza)
   Includes index.
   ISBN 978-0-7787-8740-2 (pbk. : alk. paper) -- ISBN 978-0-7787-8701-3
(reinforced library binding : alk. paper)
   1. Morphology--Juvenile literature. 2. Landforms--Juvenile literature.
3. Buildings--Juvenile literature. I. Title. II. Series.

QH351.K2518 2009
508--dc22
                                                                    2009016817

Crabtree Publishing Company

www.crabtreebooks.com   1-800-387-7650

Publicado en Canadá
Crabtree Publishing
616 Welland Ave.
St. Catharines, Ontario
L2M 5V6

Publicado en los Estados Unidos
Crabtree Publishing
PMB16A
350 Fifth Ave., Suite 3308
New York, NY 10118

Publicado en el Reino Unido
Crabtree Publishing
White Cross Mills
High Town, Lancaster
LA1 4XS

Publicado en Australia
Crabtree Publishing
386 Mt. Alexander Rd.
Ascot Vale (Melbourne)
VIC 3032

Contenido

¿Qué es una estructura?

Una **estructura** es algo formado por diferentes partes. Cada parte tiene un **propósito**. Un propósito es la razón por la cual construimos algo de esa manera. Las personas, las plantas y los animales son estructuras. Cada una de sus partes tiene un propósito.

Las personas tenemos piernas. Algunos animales tienen patas. Las piernas y patas sirven para caminar y correr. Las personas caminamos en dos piernas. Los caballos caminan en cuatro patas.

Usamos cada parte de nuestro cuerpo. También tenemos un cerebro grande. ¡Podemos hacer cualquier cosa!

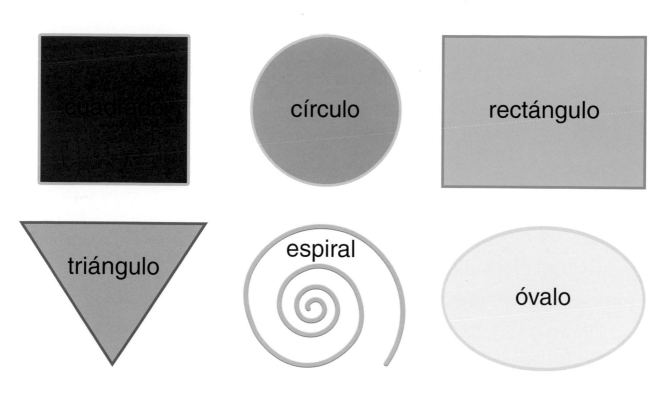

cuadrado

círculo

rectángulo

triángulo

espiral

óvalo

Las estructuras tienen colores y formas. Nombra los colores y las formas que ves aquí. También tienen **texturas**. La textura es cómo se ven y se sienten las cosas.

hexágono

¿Cómo se sentiría este gatito en tus manos?

cono

cilindro

5

Tipos de estructuras

Algunas estructuras las crean las personas. Los edificios y los puentes son dos tipos de estructuras construidas por personas. Hay edificios de distintas formas y colores. Encuentra la forma de un triángulo, un cuadrado, un círculo, un rectángulo, un cilindro y un cono en la imagen.

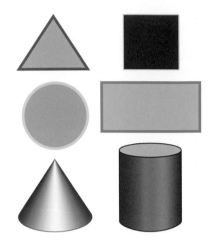

*Este edificio es un **castillo** muy viejo. En los castillos viven reyes y reinas.*

Las estructuras **naturales** no fueron hechas por personas. Se encuentran en la naturaleza. Las plantas, los animales, las personas y las montañas son estructuras naturales. Algunas estructuras naturales las crean los animales.

*Este inmenso **nido** es el hogar de un ave llamada cigüeña. Ella lo construyó. Pronto las crías vivirán en el nido.*

nido

Esta concha marina es una estructura natural. Dentro de ella vive un animal. Nombra dos formas que veas en la concha marina.

Las montañas son estructuras naturales. Las cabras y los árboles también son estructuras naturales.

montañas

árboles

cabra

Estructuras de plantas

Las plantas son estructuras naturales con muchas partes. Cada parte tiene distintas funciones que ayudan a la planta a sobrevivir. La mayoría de las plantas tienen **raíces**, **tallos** y **hojas**.

Los capullos de esta planta se convertirán en flores hermosas.

Las hojas absorben la luz solar y producen alimento para la planta. Además, a través de las hojas la planta puede respirar.

El tallo sostiene a la planta en dirección al sol.

Las raíces mantienen a la planta en el suelo. También sirven para tomar agua de la tierra. La planta usa el agua para producir su alimento.

Los árboles son las plantas más grandes que existen. Sus tallos se llaman **troncos**. De los troncos crecen **ramas**. En las ramas crecen hojas. Los árboles de **hoja caduca** tienen hojas planas y anchas, que cambian de color en otoño. Estas hojas se caen de los árboles. Las **coníferas** son árboles que producen **conos** o **piñas**. Sus hojas no se caen en otoño.

tronco

¿Es el tronco áspero o suave?

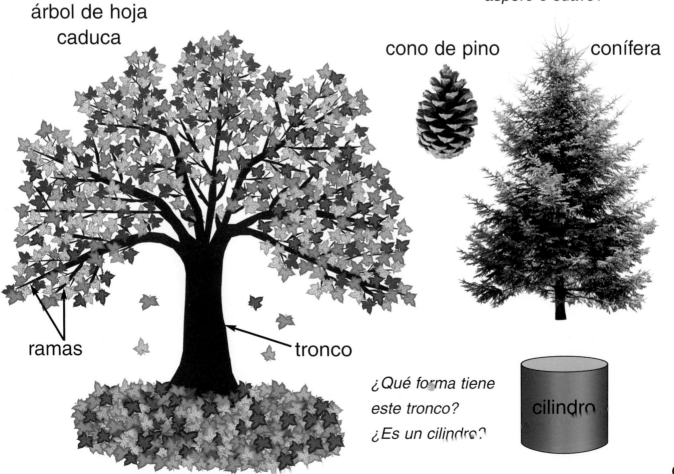

árbol de hoja caduca

cono de pino

conífera

ramas

tronco

¿Qué forma tiene este tronco? ¿Es un cilindro?

cilindro

9

Mira y siente

Hay muchas clases de plantas. Sus formas, colores y texturas son muy diferentes. ¡Hay flores y frutas en todos los colores del arco iris! Las plantas también son diferentes por cómo se ven y se sienten.

Las hojas de las coníferas son como agujas.

Las rosas tienen pétalos suaves y sedosos, pero sus tallos tienen **espinas** *filosas.*

¿Qué colores tienen las flores de esta página? ¿Qué formas tienen?

pétalos

espina

10

Esta planta se llama cacto. Tiene **espinas** muy filosas que parecen alfileres. ¿Tú crees que se sienten como los pétalos de una rosa?

Nombra las frutas que:

1. son redondas y rojas
2. son verdes, azules o rojas
3. son largas y amarillas
4. parecen estrellas
5. tienen vello

manzanas

plátanos

carambola

uvas

kiwi

Respuestas:

1. manzanas
2. uvas
3. plátanos
4. carambola
5. kiwi

11

Con columna vertebral

Los animales son estructuras naturales. Tienen distintas formas y tamaños, y sus cuerpos tienen varias partes. Algunos animales tienen **columna vertebral** y **esqueleto** dentro del cuerpo. Los animales que tienen columna vertebral se llaman **vertebrados**.

columna vertebral

esqueleto de koala

Todos los huesos del koala forman su esqueleto.

lagarto

serpiente

rana

Los lagartos, las serpientes y las ranas tienen columna vertebral y esqueleto.

koala

12

Hay vertebrados enormes, pequeños y medianos. Algunos caminan y corren, otros nadan, algunos trepan y otros vuelan. Las estructuras de sus cuerpos les ayudan a moverse y sobrevivir.

Los elefantes son enormes. Los ratones son pequeños. Los dos son **mamíferos**. Los mamíferos son vertebrados que tienen pelo o pelaje en el cuerpo.

Los peces son vertebrados que viven en el agua.

Las aves son vertebrados que tienen alas y plumas. La mayoría de las aves vuelan.

Las personas también somos vertebrados. Tenemos columna vertebral y esqueleto.

13

Sin columna vertebral

La mayoría de los animales de la Tierra no tienen columna vertebral. Los animales que no tienen columna vertebral se llaman **invertebrados**. Hay millones de clases de invertebrados con cuerpos diferentes. Todos los animales que ves en estas dos páginas son invertebrados.

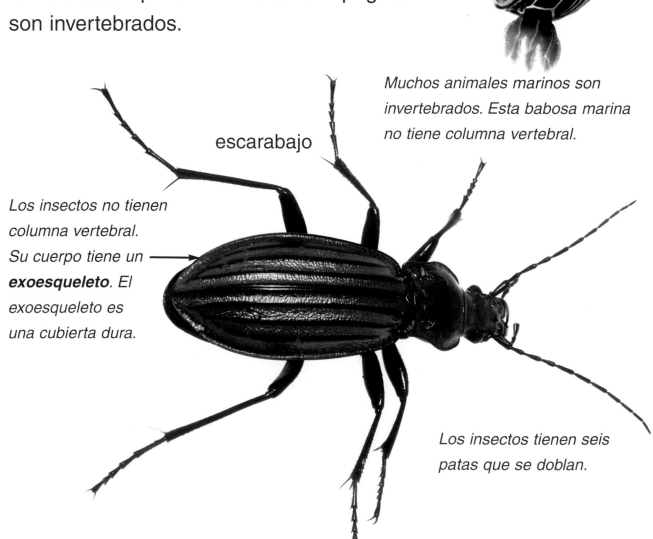

Muchos animales marinos son invertebrados. Esta babosa marina no tiene columna vertebral.

escarabajo

Los insectos no tienen columna vertebral. Su cuerpo tiene un **exoesqueleto**. El exoesqueleto es una cubierta dura.

Los insectos tienen seis patas que se doblan.

14

Los gusanos tienen cuerpo blando. No tienen patas. Este gusano se llama lombriz de tierra.

Las arañas tienen ocho patas.

ventosas

Los pulpos son los invertebrados más grandes y más inteligentes. Tienen un cerebro grande. Pueden tocar, oler y saborear con las **ventosas**. Las ventosas están en sus brazos.

¿Cómo se ve?

Los animales tienen diferentes **patrones** en el cuerpo. Los patrones son formas y colores que se repiten. Las rayas y las manchas son patrones. La salamanquesa leopardo tiene manchas. Los tigres tienen rayas. ¿Qué otros animales tienen manchas o rayas?

salamanquesa
leopardo

tigre

16

Muchos animales tienen partes **idénticas**. Idéntico significa exactamente igual. Cuando hay partes que se ven iguales, decimos que tienen **simetría**. Las mariposas tienen simetría. Cuando sus cuatro alas están abiertas, puedes ver dos lados iguales. Además las alas tienen formas y patrones idénticos.

Las alas de esta mariposa tienen dos lados iguales. La mariposa tiene simetría.

17

Hechas por animales

Muchos animales construyen estructuras. Algunas de estas estructuras naturales son el hogar de sus crías. Las aves, los ratones, las ardillas y las hormigas hacen nidos. Los nidos de las hormigas se llaman **hormigueros** y están debajo del suelo. Los hormigueros se conectan por túneles subterráneos. Las abejas y las avispas construyen **panales**.

Dentro de este hormiguero viven miles de hormigas.

Esta ave tejedora construye un nido.

hexágono

Muchas avispas trabajan en equipo para construir el panal.
Cada parte del panal es un hexágono. ¿Cuántos lados tiene un hexágono?

19

Accidentes geográficos

Los **accidentes geográficos** son las diferentes formas del terreno en la Tierra. Los accidentes geográficos son una estructura natural. Las montañas son un accidente geográfico alto y empinado. Las zonas bajas que están entre las montañas se llaman **valles**. Si la tierra está rodeada totalmente por agua, se dice que es una **isla**. Hay muchas clases de accidentes geográficos en la Tierra. Estas imágenes muestran algunos.

montañas

valle

*Los **cañones** son depresiones profundas en la tierra. Al fondo de muchos cañones corre un río.*

*Las **cuevas** son estructuras bajo tierra o dentro de las rocas. Son parecidas a una habitación.*

*Los **volcanes** lanzan roca líquida y caliente.*

Esta isla pequeña está rodeada totalmente por agua.

21

Copias de la naturaleza

Las personas construyen todo tipo de estructuras. Muchas son copias de estructuras naturales. Estas estructuras **hechas por personas** están copiadas de las estructuras naturales que ves a su lado.

Tiempo atrás, algunas personas intentaron volar usando alas.

Para hacer aviones, copiamos el cuerpo de las aves.

puente natural

Los puentes hechos por personas se parecen a los puentes naturales.

mariquita

Este automóvil tiene forma de escarabajo. ¡Parece una mariquita!

Esta ave se llama grulla.

grúa

jirafa

La grúa se parece a la grulla. ¿A qué otro animal se parece esta grúa?

Palabras para saber e Índice

columna vertebral

esqueleto

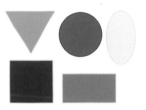

Otras palabras

Impreso en China — CT